DER ULTIMATIVE LEITFADEN FÜR BOTANISCHE COCKTAILS

100 schnelle und einfache Getränke Vom Garten zum Glas

Julius Sommer

Urheberrechtliches Material ©2024

Alle Rechte vorbehalten

Kein Teil dieses Buches darf ohne die entsprechende schriftliche Zustimmung des Herausgebers und Urheberrechtsinhabers in irgendeiner Form oder auf irgendeine Weise verwendet oder übertragen werden, mit Ausnahme von kurzen Zitaten, die in einer Rezension verwendet werden. Dieses Buch sollte nicht als Ersatz für medizinische, rechtliche oder andere professionelle Beratung betrachtet werden.

INHALTSVERZEICHNIS

INHALTSVERZEICHNIS **3**
EINFÜHRUNG **6**
WODKA **7**
   1. KNOBLAUCH-HABANERO-WODKA.. 8
   2. LAVENDEL-ROSMARIN LIKÖR _ 10
   3. ERFRISCHENDER WASSERMELONEN-WODKA 12
   4. NUSS LIKÖR...14
   5. BANANENLIKÖR...16
   6. LAKRITZLIKÖR _ _ 18
   7. PFLAUMENLIKÖR 20
   8. MANDARINENLIKÖR 22
   9. PIMENTLIKÖR 24
   10. LAVENDELLIKÖR _ _ 26
   11. GRÜNTEE-LIKÖR 28
   12. ZIMTLIKÖR 30
   13. VANILLE-KAFFEELIKÖR...32
   14. MINZLIKÖR _ 34
   15. SÜßER ORANGEN- UND NELKENLIKÖR 36
   16. ERDBEEREN UND LIMONCELLO 38
   17. HEIßER APFELWEIN MIT BUTTER 40
   18. PFEFFERMINZ-SCHNAPSLIKÖR 42
   19. LIMETTENLIKÖR 44
   20. WÜRZIGER KRÄUTERLIKÖR 46
   21. ANANAS- WODKA-LIKÖR 48
   22. WODKA MIT HIMBEERGESCHMACK 50
   23. PAPAYALIKÖR 52
   24. BLAUBEERLIKÖR 54
   25. SCHOKOLADENLIKÖR 56
   26. KOKOSNUSSLIKÖR 58
   27. CURACAO-LIKÖR 60
   28. GRAPEFRUITLIKÖR 62
   29. HONIGLIKÖR 64
   30. TEELIKÖR 66
   31. PFEFFERMINZLIKÖR 68
   32. ANGELIKALIKÖR 70
   33. BLAUBEEREN UND ORANGENLIKÖR 72
   34. KÜMMEL _ LIKÖR 74
   35. APFEL- WODKA- LIKÖR 76
   36. P JEWEILS WODKA- LIKÖR 78
   37. AQUAVIT WODKA 80
   38. ZITRONE WODKA 82
   39. ORANGE BITTER 84

40. Erdbeere Vanille Wodka 87
41. Zitrone Granatapfellikör _ 89
42. Brombeere Orange Infundiert Wodka 91
43. Mäusespeck Wodka 93

TEQUILA 95
44. Zitronengras-Ingwer Likör 96
45. Margarita-Likör 98
46. Mexikanischer Teepunsch 100
47. Jalapeno Kalk Tequila 102
48. Ananas Und Serrano Tequila 104
49. Ingwer Zitronengras Tequila 106
50. Mandelgoldlikör _ _ 108

RUM 110
51. Kaffee Likör 111
52. Banane und Kokosnuss Likör 113
53. Gewürzt Rum 115
54. Jasmin Tee Likör 117
55. Mokka Creme Likör 119
56. Schwedisch Obst In Likör 121
57. Cranberry-Sirup 123
58. Cremiger Rumlikör 125
59. Ananas Rum 127
60. Zitrusfrüchte Sangria 129
61. Obst Schlagen 131

WHISKEY 133
62. Zitrone Infundiert Bourbon 134
63. Altmodisch mit Speck angereichert 136
64. Pfirsich-Zimt-Likör 138
65. Schokoladen-Creme-Likör 140
66. Bing Kirsche _ Likör 142
67. Orange und Honig Likör _ 144
68. Ich mag Sahnelikör 146
69. Preiselbeere Orange Whiskey 148
70. Kaffee-Vanille Bourbon 150
71. Kirsch vanille Bourbon 152
72. Apfel Zimt Whiskey 154
73. Vanille Bohne Bourbon 156

GIN 158
74. Cajun-Martini 159
75. Preiselbeere Gin 161
76. Pomander Gin 163
77. Zitrone Ingwer Kardamom Gin 165
78. Apfel Und Birne Gin 167

79. Grün Tee Gin 169
BRANDY **171**
    80. Mandarine _ Likör 172
    81. Amaretto-Likör 174
    82. Aprikosenlikör 176
    83. Himbeere Likör 178
    84. Apfel-Zimt-Brandy 180
    85. Kalifornien Eierlikör 182
    86. Kirsche Brandy 184
    87. Mandellikör 186
    88. Birnenlikör 188
    89. Ingwer Likör 190
    90. Kaffee Vanille Likör 192
    91. Kardamom-Abb Brandy 194
    92. Pflaume-Zimt Brandy 196
    93. Chai-Birne Brandy 198
COGNAC **200**
    94. Grandioser Orangen-Cognac-Likör 201
    95. Frische Feigen aus Curaçao 203
    96. Mit Chai angereichert Cognac 205
    97. Mit Kirschen angereichert Cognac 207
    98. Feigen- und Grand-Marnier-Likör 209
    99. Pfirsich Infundiert Cognac 211
    100. Ananas-Orangenbitter-Likör 213
ABSCHLUSS **215**

EINFÜHRUNG

Treten Sie ein in die bezaubernde Welt, in der die frischesten Kräuter, Früchte und botanischen Wunder zusammenkommen, um im „DER ULTIMATIVE LEITFADEN FÜR BOTANISCHE COCKTAILS" eine Symphonie der Aromen zu schaffen. Dieser Leitfaden ist Ihr Reiseführer in die Welt der Mixologie vom Garten bis ins Glas. Wir laden Sie ein, 100 schnelle und einfache Rezepte zu entdecken, die Ihre Lieblingsspirituosen in fesselnde Kreationen verwandeln.

In diesem botanischen Abenteuer feiern wir die lebendige Schnittstelle zwischen Natur und Mixologie und zeigen, wie Kräuter aus Ihrem Garten Ihr Cocktailspiel auf ein neues Niveau heben können. Stellen Sie sich die sonnigen Nachmittage vor, die sanfte Brise, die den Duft blühender Blumen mit sich bringt, und das Klirren von Eiswürfeln in einem Glas, das mit einem gartenfrischen Elixier gefüllt ist. Es ist ein Sinneserlebnis, das über das Übliche hinausgeht und Sie einlädt, die Schönheit der Pflanzenstoffe in jedem Schluck zu genießen.

Egal, ob Sie ein erfahrener Mixologe oder ein Barkeeper zu Hause sind, der Ihrem Repertoire einen Hauch botanischer Brillanz hinzufügen möchte, dieser Leitfaden soll inspirieren und begeistern. Von klassischen Kombinationen bis hin zu innovativen Wendungen ist jedes Rezept ein Beweis für die Kunstfertigkeit botanischer Cocktails und macht sie sowohl für Anfänger als auch für Enthusiasten zugänglich.

Schnappen Sie sich also Ihren Stößel, wählen Sie Ihre Lieblingskräuter aus und begeben wir uns auf eine Reise voller Geschmack, Aroma und visuellem Genuss, während wir in „DER ULTIMATIVE LEITFADEN FÜR BOTANISCHE COCKTAILS" eintauchen.

WODKA

1. Knoblauch-Habanero-Wodka

ZUTATEN:
- 1 Habanero-Pfeffer
- 1 Knoblauchknolle, getrennt und geschält
- 750-Milliliter-Flasche Wodka

ANWEISUNGEN:
a) Geben Sie den Knoblauch und den Habanero-Pfeffer in ein Einmachglas.
b) Füllen Sie das Glas mit Wodka. Verschließen und gut schütteln.
c) 3 bis 5 Stunden ziehen lassen.
d) Den Wodka durch ein feinmaschiges Sieb abseihen.

2. Lavendel-Rosmarin Likör

ZUTATEN:
- 750-Milliliter-Flasche Wodka
- 1 Zweig frischer Rosmarin, abgespült
- 2 Zweige frischer Lavendel, abgespült

ANWEISUNGEN:
a) Geben Sie die Kräuter in ein Einmachglas.
b) Gießen Sie den Wodka in das Glas.
c) Schütteln Sie es ein paar Mal und lassen Sie es drei bis fünf Tage lang ziehen.
d) Die Kräuter abseihen.

3. Erfrischender Wassermelonen-Wodka

ZUTATEN:
- 750-Milliliter-Flasche Wodka
- 1 Wassermelone, gewürfelt

ANWEISUNGEN:
a) Geben Sie die gewürfelte Wassermelone in ein Aufgussglas.
b) Gießen Sie den Wodka über die Früchte und schütteln Sie ihn ein paar Mal.
c) Den Deckel verschließen und 4 bis 6 Tage ziehen lassen.
d) Schütteln Sie es ein- bis zweimal täglich.
e) Die Wassermelone vom Wodka abseihen.

4.Nuss Likör

ZUTATEN:
- 2 Pfund ungesalzene, ungeschälte Mandeln, gehackt
- 1 Tasse Zucker
- 1 Flasche Wodka
- Zuckersirup

ANWEISUNGEN:
a) Geben Sie die gehackten Nüsse in das Glas und fügen Sie den Zucker und den Wodka hinzu.
b) Einen Monat lang ziehen lassen und täglich schütteln.
c) Die Nüsse abseihen.
d) Zuckersirup hinzufügen.

5. Bananenlikör

ZUTATEN:
- 2 reife Bananen, geschält und zerdrückt
- 3 Tassen Wodka
- 1 Tasse Zucker
- 1 Teelöffel Vanilleextrakt
- 1 Tasse Wasser

ANWEISUNGEN:
a) Bananenpüree, Wodka und Vanille vermischen.
b) 1 Woche ziehen lassen.
c) Abseihen.
d) Zucker und Wasser in einer Pfanne vermischen.
e) Bei mittlerer Hitze zum Kochen bringen.
f) Köcheln lassen, bis sich der Zucker aufgelöst hat.
g) Zuckersirup hinzufügen.
h) In Flaschen füllen und fest verschließen.
i) Vor dem Servieren mindestens 1 Monat ziehen lassen.

6. Lakritzlikör

ZUTATEN:
- 2 Esslöffel zerstoßener Sternanis
- 3 Tassen Wodka
- 2 Tassen Zucker
- 1 Tasse Wasser

ANWEISUNGEN:
a) Sternanis mit Wodka mischen und 2 Wochen ziehen lassen.
b) Den Sternanis abseihen.
c) Zucker und Wasser in einer Pfanne aufkochen.
d) Köcheln lassen, bis sich der Zucker aufgelöst hat.
e) Zuckersirup und Wodka-Mischung verrühren.
f) In Flaschen füllen und fest verschließen.
g) Vor dem Servieren mindestens einen Monat ziehen lassen.

7.Pflaumenlikör

ZUTATEN:
- 1 Pfund frische, lila Pflaumen
- 2 Tassen Wodka
- 1 Tasse Zucker
- 1 1-Zoll-Zimtstange-Tasse Wasser
- 4 ganze Nelken

ANWEISUNGEN:
a) Pflaumen entkernen und in 2,5 cm große Stücke schneiden.
b) Pflaumen, Zucker, Zimtstangen, Nelken und Wodka vermischen.
c) Abdecken und 2 Monate ziehen lassen.
d) Schütteln Sie das Glas gelegentlich.
e) Die Flüssigkeit abseihen.
f) In Flaschen füllen und fest verschließen.
g) Vor dem Servieren mindestens 1 Monat ziehen lassen.

8. Mandarinenlikör

ZUTATEN:

- 6 Mandarinen
- 2 Tassen Wodka
- ½ Tasse) Zucker
- ¾ Tasse Wasser

ANWEISUNGEN:

a) Schälen Sie die Mandarinen mit einem Schäler mit drehbarer Klinge und schaben Sie dabei nur die Schale ab. Vermeiden Sie dabei die weiße Membran.
b) Geben Sie die Schalen zusammen mit dem Wodka in ein Glas.
c) Dicht abdecken und an einem kühlen, dunklen Ort 3 Wochen ziehen lassen.
d) Schütteln Sie das Glas gelegentlich.
e) Die Flüssigkeit abseihen.
f) Zucker und Wasser in einer Pfanne vermischen.
g) Bei mittlerer Hitze zum Kochen bringen.
h) Köcheln lassen, bis sich der Zucker aufgelöst hat.
i) Abkühlen lassen und dann Zuckersirup hinzufügen.
j) In Flaschen füllen und fest verschließen. Mindestens 1 Monat ziehen lassen.

9.Pimentlikör

ZUTATEN:
- 3/4 Teelöffel _ _ gemahlener Piment
- 1 1/2 Tassen Wodka
- 1/2 Tasse Zuckersirup

ANWEISUNGEN:
a) Die Zutaten 10 Tage lang ziehen lassen.
b) Beanspruchung.
c) Sirup hinzufügen.
d) 1–6 Monate reif.

10.Lavendellikör

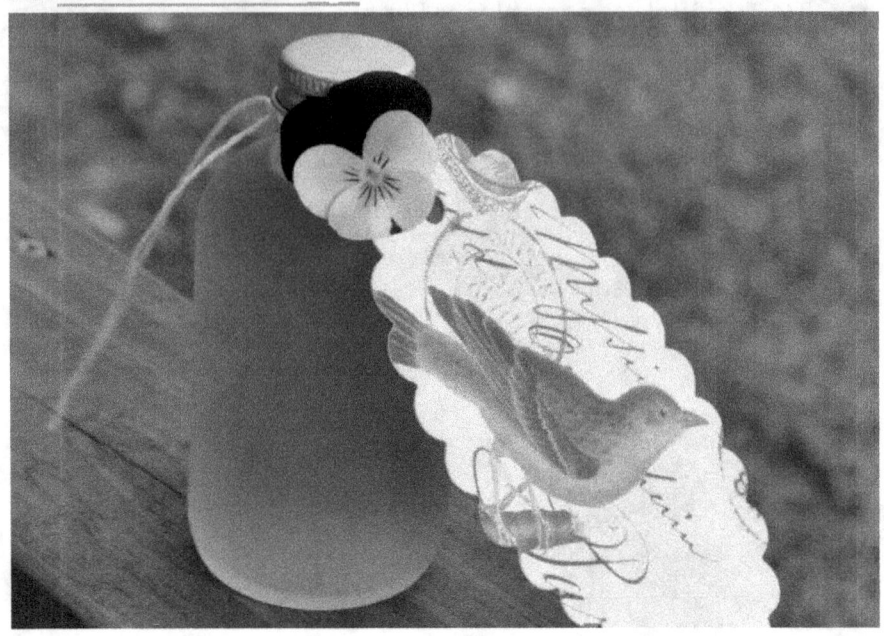

ZUTATEN:
- 6 Esslöffel getrocknete Lavendelblüten ___
- 1 fünfter 80-Proof-Wodka
- 1 Tasse Zuckersirup

ANWEISUNGEN:
a) Die Blütenblätter eine Woche lang im Wodka einweichen.
b) Durch ein Käsetuch abseihen.
c) Den Zuckersirup hinzufügen und genießen .

11. Grüntee-Likör

ZUTATEN:
- 6 Teelöffel grüne Teeblätter _
- 3 Tassen Wodka
- 1 Tasse Sirup
- 2 Tropfen grüne Lebensmittelfarbe

ANWEISUNGEN:
a) Kombinieren Sie die Teeblätter und lassen Sie sie 24 Stunden lang im Wodka ziehen.
b) Schütteln Sie das Glas gut, wenn Sie die Blätter hinzufügen.
c) Den Süßstoff hinzufügen und am nächsten Tag einfärben.

12.Zimtlikör

ZUTATEN:
- 1 Zimtstange
- Nelken
- 1 Teelöffel gemahlener Koriandersamen
- 1 Tasse Wodka
- ½ Tasse Brandy
- ½ Tasse Zuckersirup

ANWEISUNGEN:
a) Alle Zutaten 2 Wochen ziehen lassen.
b) Durchseihen, bis es klar ist, und Zuckersirup hinzufügen.
c) 1 Woche ziehen lassen und schon ist es servierfertig.

13.Vanille-Kaffeelikör

ZUTATEN:
- 1½ Tassen brauner Zucker; verpackt
- 1 Tasse Kristallzucker
- 2 Tassen Wasser
- ½ Tasse Instantkaffeepulver
- 3 Tassen Wodka
- ½ Vanilleschote; Teilt

ANWEISUNGEN:
a) Zucker und Wasser 5 Minuten kochen lassen.
b) Nach und nach den Kaffee unterrühren.
c) Wodka und Vanille untermischen.
d) 1 Monat ziehen lassen.
e) Entfernen Sie die Vanilleschote.

14. Minzlikör

ZUTATEN:
- 1¼ Tasse frische Minzblätter, gewaschen und geschnitten
- 3 Tassen Wodka
- 2 Tassen Kristallzucker
- 1 Tasse Wasser
- 1 Teelöffel Glycerin
- 8 Tropfen grüne Lebensmittelfarbe
- 2 Tropfen blaue Lebensmittelfarbe

ANWEISUNGEN:
a) Minze und Wodka zwei Wochen lang ziehen lassen, dabei regelmäßig schütteln.
b) Die Minzblätter vom Likör abseihen und wegwerfen.
c) In einer Pfanne Zucker und Wasser vermischen.
d) Unter ständigem Rühren zum Kochen bringen.
e) Glycerin und Lebensmittelfarbe hinzufügen.
f) Nochmals 1-3 Monate ziehen lassen.

15. Süßer Orangen- und Nelkenlikör

ZUTATEN:
- 3 Tassen Wodka
- 3 ganze süße Orangen, in Spalten geschnitten
- ½ Zitrone
- 2 ganze Nelken
- 1 Tasse Zuckersirup

ANWEISUNGEN:
a) Wodka, Orangen, Zitrone und Nelken mischen.
b) 10 Tage ziehen lassen.
c) Abseihen und die gesiebten Feststoffe entsorgen.
d) Zuckersirup hinzufügen.
e) In Flaschen abseihen und erneut 4 Wochen ziehen lassen.

16. Erdbeeren und Limoncello

ZUTATEN:
- 30 frische Erdbeeren halbiert
- 4 Teelöffel Limoncello-Likör
- Frisch gemahlener Pfeffer
- Teelöffel frischer Orangensaft

ANWEISUNGEN:
a) Erdbeeren, Orangensaft, Likör und frisch gemahlenen Pfeffer verrühren.
b) Mindestens 30 Minuten ziehen lassen.

17. Heißer Apfelwein mit Butter

ZUTATEN:
- 1 Liter Apfelwein
- 2 Zimtstangen
- ¼ Tasse leichter Maissirup
- 3 ganze Nelken
- 2 Scheiben Zitrone
- 2 Esslöffel ungesalzene Butter
- 6 Unzen Apfellikör

ANWEISUNGEN:

a) In einer Pfanne Apfelwein, Maissirup, Butter, Zimtstangen, Nelken und Zitronenscheiben vermischen.
b) Auf niedriger Stufe erhitzen, bis der Apfelwein heiß und die Butter geschmolzen ist. Vom Herd nehmen.
c) Während der Apfelwein erhitzt wird, gießen Sie jeweils eine Unze Likör in die 6 Becher oder hitzebeständigen Gläser.
d) Gießen Sie den heißen Apfelwein in die Becher und servieren Sie ihn sofort.

18. Pfefferminz-Schnapslikör

ZUTATEN:
- ⅓ Tasse Kristallzucker
- 1,6 Unzen leichter Maissirup
- 2 Tassen 80-prozentiger Wodka
- 2 Teelöffel Pfefferminzextrakt

ANWEISUNGEN:
a) Zucker und Maissirup 5 Minuten in einer Pfanne erhitzen.
b) Wenn sich der Zucker aufgelöst hat, Wodka hinzufügen und gut umrühren.
c) Nehmen Sie die Mischung vom Herd und decken Sie sie mit einem Deckel ab.
d) Abkühlen lassen.
e) Fügen Sie der Mischung Pfefferminzextrakt hinzu und füllen Sie es in eine Flasche.

19.Limettenlikör

ZUTATEN:
- 2 Dutzend Limetten, gewaschen und in Scheiben geschnitten
- ½ Teelöffel gemahlener Zimt
- 6 Nelken
- 2 Pfund weißer Zucker
- 6 Tassen 80-prozentiger Wodka
- 2 Tassen Wasser
- Grüne Lebensmittelfarbe

ANWEISUNGEN:
a) Limetten, Zimt, Nelken, Wodka, Wasser und weißen Zucker vermischen.
b) Gut schütteln, bis sich der Zucker aufgelöst hat. Abdeckung.
c) An einem kühlen Ort zwei Wochen ruhen lassen.
d) Durch ein feines Sieb passieren.
e) Dekantieren, klare Flüssigkeit in Flaschen füllen.

20.Würziger Kräuterlikör

ZUTATEN:
- 6 Kardamomkapseln, Samen entfernt
- 3 Teelöffel Anissamen, zerstoßen
- 2¼ Teelöffel gehackte Angelikawurzel
- 1 Zimtstange
- 1 Gewürznelke
- ¼ Teelöffel Muskatblüte
- 1 Fünftel Wodka
- 1 Tasse Zuckersirup
- Behälter: 1/2-Gallonen-Glas

ANWEISUNGEN:
a) Alle Zutaten vermischen.
b) Gut schütteln und 1 Woche ziehen lassen.
c) Mehrmals abseihen.
d) Den Zuckersirup hinzufügen.

21.Ananas- Wodka-Likör

ZUTATEN:
- 1 süße Ananas geschält; entkernen und in Scheiben schneiden
- 1 Flasche Wodka; 750 ml
- 2½ Unzen mit Ananas angereicherter Wodka
- ¾ Unze Grand Marnier

ANWEISUNGEN:
a) Legen Sie eine reife Ananas in einen Behälter und bedecken Sie ihn mit einer Flasche Wodka.
b) Mindestens 48 Stunden im Kühlschrank ziehen lassen.

22. Wodka mit Himbeergeschmack

ZUTATEN:
- 25 - Unzen -Flasche Wodka
- 1 Pint Himbeeren

ANWEISUNGEN:
a) Wodka mit frischen Himbeeren vermischen.
b) 3 Tage ziehen lassen.

23. Papayalikör

ZUTATEN:
- 1 Zitronenscheibe, abgekratzte Schale
- 1 Papaya, geschält, entkernt und gewürfelt
- 1 Tasse Wodka
- ¼ Tasse Zuckersirup

ANWEISUNGEN:
a) Papaya 1 Woche lang in Wodka ziehen lassen.
b) Die Früchte abseihen und dabei den Saft extrahieren.
c) Zuckersirup hinzufügen.

24.Blaubeerlikör

ZUTATEN:
- 3 Tassen frische Blaubeeren, abgespült und zerdrückt
- Je 1 Gewürznelke
- ½ Tasse Zuckersirup
- 2 Tassen Wodka
- Je 1 Zitrone mit Rand, abgekratzte Schale

ANWEISUNGEN:
a) Beeren mit Wodka, Zitronenschale und Nelke vermischen.
b) 3 Monate ziehen lassen.
c) Die Feststoffe abseihen.
d) Zuckersirup hinzufügen.

25. Schokoladenlikör

ZUTATEN:
- 2 Teelöffel reiner Schokoladenextrakt
- ½ Teelöffel reiner Vanilleextrakt
- 1½ Tasse Wodka
- ½ Tasse Zuckersirup
- ½ Teelöffel frische Minze
- 1 Tropfen Pfefferminzextrakt

ANWEISUNGEN:
a) Alle Zutaten vermischen und 2 Wochen ziehen lassen.
b) Minze und Pfefferminzextrakt hinzufügen.
c) Weitere 2 Wochen ziehen lassen.

26.Kokosnusslikör

ZUTATEN:
- ½ Tasse Brandy
- 2 Tassen verpackte Kokosnuss
- 4 Koriandersamen
- ¼ Teelöffel Vanilleextrakt
- 3 Tassen Wodka

ANWEISUNGEN:
a) Alle Zutaten zusammengeben und 4 Wochen ziehen lassen.
b) Drehen Sie das Glas alle paar Tage um.

27.Curacao-Likör

ZUTATEN:
- 3 Esslöffel Bitterorange, geschält und segmentiert
- 2⅔ Tasse 80-prozentiger Wodka
- 1⅓ Tasse Wasser
- 2 Tassen weißer Zucker
- 12 ganze Nelken
- 1 Teelöffel gemahlener Zimt
- 2 Teelöffel ganze Koriandersamen

ANWEISUNGEN:
a) Orangenspalten zusammen mit Bitterorangenschale, Nelken, Koriander und Zimt in ein Glas geben.
b) Zucker, Wodka und Wasser untermischen.
c) Kräftig schütteln, bis sich der Zucker aufgelöst hat.
d) Bis zu 5 Wochen ziehen lassen.
e) Abseihen und klar werden lassen.

28. Grapefruitlikör

ZUTATEN:
- 6 Grapefruits
- 3 Tassen 80-prozentiger Wodka
- 1 Tasse Wasser
- 2 Esslöffel ganze Koriandersamen
- 1 Teelöffel gemahlener Zimt
- 4 Tassen weißer Zucker

ANWEISUNGEN:
a) Kombinieren Sie die Zutaten.
b) Abdecken und mehrere Wochen ziehen lassen.
c) Den Likör abseihen und eine Woche bis 10 Tage lang durchziehen lassen.
d) Den klaren Likör abgießen.

29.Honiglikör

ZUTATEN:
- 2 Tassen Wodka
- ¾ Pfund Schatz
- 1 lange Schale einer Orange
- 1 Tasse Wasser, warm, aber nicht kochend
- 1 Gewürznelke
- 2 Zimtstangen, je 2 Zoll

ANWEISUNGEN:
a) Den Honig im Wasser auflösen.
b) Die Honigmischung zum Wodka, den Gewürzen und der Orangenschale hinzufügen.
c) Alle paar Tage ziehen lassen, gut verkorken und schütteln.
d) 2 bis 3 Wochen ziehen lassen.
e) Die Feststoffe abseihen.

30.Teelikör

ZUTATEN:
- 2 Teelöffel schwarze Teeblätter
- 1½ Tasse Wodka
- ½ Tasse Zuckersirup

ANWEISUNGEN:
a) Alles bis auf den Sirup 24 Stunden ziehen lassen.
b) Abseihen und Zuckersirup hinzufügen.
c) 2 Wochen ziehen lassen.

31. Pfefferminzlikör

ZUTATEN:
- 2 Teelöffel Pfefferminzextrakt
- 3 Tassen Wodka
- 1 Tasse Zuckersirup

ANWEISUNGEN:
a) Alle Zutaten vermischen und umrühren.
b) 2 Wochen ziehen lassen.

32. Angelikalikör

ZUTATEN:
- 3 Esslöffel getrocknete, gehackte Angelikawurzel
- 1 Esslöffel gehackte Mandeln
- 1 Pimentbeere, geknackt
- ⅛ Teelöffel pulverisierte Koriandersamen
- 1 Teelöffel _ _ getrocknete Majoranblätter
- 1 Stück Zimtstange, gebrochen
- 1½ Tasse Wodka
- ½ Tasse Kristallzucker
- 6 Anissamen, zerstoßen
- ¼ Tasse Wasser
- 1 Tropfen gelber und grüner Lebensmittelfarbe

ANWEISUNGEN:
a) Alle Kräuter, Nüsse und Gewürze mit Wodka vermischen.
b) Gut verschließen und 2 Wochen lang täglich schütteln.
c) Abseihen und die Feststoffe verwerfen.
d) Reinigen Sie einen Einweichbehälter und geben Sie die Flüssigkeit zurück in den Behälter.
e) Pfanne erhitzen .
f) Lebensmittelfarbe hinzufügen und zum Likör hinzufügen.
g) 1 Monat ziehen lassen.

33.Blaubeeren und Orangenlikör

ZUTATEN:
- 1 Tasse Likör mit Orangengeschmack
- 1 Tasse Wasser
- 1 Tasse Zucker
- 1½ Pfund frische Blaubeeren
- 20 frische Lavendelblütenköpfe

ANWEISUNGEN:
a) Likör, Wasser und Zucker in einer Pfanne vermischen.
b) Unter häufigem Rühren erhitzen , bis sich der Zucker aufgelöst hat.
c) Geben Sie Blaubeeren in heiße Gläser und 4 Lavendelköpfe in jedes Glas.
d) Heiße Flüssigkeit in Gläser füllen.
e) lang im heißen Wasserbad erwärmen .

34.Kümmel Likör

ZUTATEN:
- 4 Esslöffel Kümmel, gequetscht oder halb gemahlen
- 1 Tasse Zucker
- 1 Flasche Wodka
- 1-Liter-Glas

ANWEISUNGEN:
a) Geben Sie die Samen in ein sauberes Glas.
b) Den Zucker und den Wodka hinzufügen.
c) Einen Monat lang täglich schütteln.
d) Die Kerne abseihen und Zucker hinzufügen.

35. Apfel- Wodka- Likör

ZUTATEN:
- 2 Pfund säuerlich/süß aromatische Äpfel, entkernt und gehackt
- 1 Tasse Zucker
- 1 Flasche Wodka
- 1 halbe Gallone Glas

ANWEISUNGEN:
a) Den Zucker und den Brandy hinzufügen und das Glas mit einem Deckel verschließen.
b) Ein bis zwei Monate lang täglich schütteln.
c) Die Früchte abseihen und Zuckersirup hinzufügen.

36.P jeweils Wodka- Likör

ZUTATEN:
- 2 Pfund reife Pfirsiche
- 1 Tasse Zucker
- 1 Flasche Wodka

ANWEISUNGEN:
a) Pfirsiche, Zucker und Alkohol in ein Glas geben.
b) Ein bis zwei Monate lang etwa einmal täglich abdecken und schütteln.
c) abseihen, dann mit Zuckersirup süßen.
d) Diese Früchte schmecken auch leicht gewürzt mit ganzen Gewürzen gut.

37.Aquavit Wodka

ZUTATEN:
- 50 Unzen hochwertiger Wodka
- 3 Esslöffel Kümmel, getoastet
- 2 Esslöffel Kreuzkümmel, getoastet
- 2 Esslöffel Dillsamen, getoastet
- 1 Esslöffel Fenchelsamen, getoastet
- 1 Esslöffel Koriandersamen, getoastet
- 2 ganze Sternanis
- 3 ganze Nelken
- Eine halbe Bio-Zitrone schälen und in Streifen schneiden
- Eine halbe Bio-Orange schälen und in Streifen schneiden
- 1 Unze einfacher Sirup

ANWEISUNGEN:
a) Die Samen im Mörser und Stößel leicht zerstoßen und dann in ein Aufgussglas geben.
b) Sternanis, Nelken, Zitronen- und Orangenschale hinzufügen, dann den Wodka.
c) Mit einem Deckel fest verschließen und kurz schütteln.
d) Mindestens 2 Wochen bei Zimmertemperatur ziehen lassen. Während des Aufgusses das Glas alle 2 Tage schütteln.
e) Die Flüssigkeit abseihen.
f) Fügen Sie den einfachen Sirup hinzu und füllen Sie ihn ab.

38.Zitrone Wodka

ZUTATEN:
- 750 ml Wodka
- ¼ Tasse getrocknete Bio-Zitronenschale

ANWEISUNGEN:

a) 3 frische Bio-Zitronen schälen, in dünne Streifen schneiden, ohne Mark
b) Gießen Sie Wodka in ein Einmachglas mit einem Fassungsvermögen von einer halben Gallone über die Zitronenschale und die frische Schale.
c) Abdecken und 2 Tage lang mazerieren lassen.
d) Die Zitronenschale abseihen.

39. Orange Bitter

ZUTATEN:
- 3 Bio-Orangen schälen und in dünne Streifen schneiden
- ¼ Tasse getrocknete Bio-Orangenschale
- 4 ganze Nelken
- 8 grüne Kardamomkapseln, geknackt
- ¼ Teelöffel Koriandersamen
- ½ Teelöffel getrocknete Enzianwurzel
- ¼ Teelöffel ganzer Piment
- 2 Tassen hochprozentiger Wodka
- 1 Tasse Wasser
- 2 Esslöffel reichhaltiger Sirup

ANWEISUNGEN:

a) Geben Sie die Orangenschale, die getrocknete Orangenschale, die Gewürze und die Enzianwurzel in ein 1-Liter-Einmachglas.
b) Den Wodka hinzufügen.
c) Deckel auflegen und 2 Wochen ziehen lassen.
d) Einmal täglich aufschütteln.
e) Die Flüssigkeit in ein sauberes 1-Liter-Einmachglas abseihen.
f) Übertragen Sie die Feststoffe in eine Pfanne. Decken Sie das Glas ab und stellen Sie es beiseite.
g) Gießen Sie das Wasser über die Feststoffe in der Pfanne und bringen Sie es bei mittlerer Hitze zum Kochen.
h) Decken Sie die Pfanne ab, reduzieren Sie die Hitze auf eine niedrige Stufe und lassen Sie das Ganze 10 Minuten lang köcheln.
i) Geben Sie die Flüssigkeit und die Feststoffe aus der Pfanne in ein weiteres 1-Liter-Einmachglas.
j) Abdecken und eine Woche ziehen lassen, dabei das Glas täglich schütteln.
k) Die Feststoffe mit einem Käsetuch abseihen und entsorgen. Geben Sie die Flüssigkeit mit der Original-Wodka-Mischung in das Glas.
l) Fügen Sie den reichhaltigen Sirup hinzu, rühren Sie um, um ihn gut zu vermischen, schließen Sie dann den Deckel und schütteln Sie ihn, um den Sirup zu vermischen und aufzulösen.
m) 3 Tage ziehen lassen.
n) Anschließend alles, was an der Oberfläche schwimmt, abschöpfen und noch einmal durch das Käsetuch abseihen.
o) Verwenden Sie zum Abfüllen einen Trichter.

40. Erdbeere Vanille Wodka

ZUTATEN:
- 1 Liter Wodka
- 2 Tassen Erdbeeren, in Scheiben geschnitten
- 2 Vanilleschoten, der Länge nach geteilt

ANWEISUNGEN:
a) Erdbeeren mit Vanilleschoten in ein sauberes Glasgefäß geben.
b) Wodka hinzufügen und mindestens 3 Tage ziehen lassen.
c) Erdbeeren und Vanilleschoten abseihen und wegwerfen.
d) Ein paar Mal abseihen, um alle Sedimente zu entfernen.

41. Zitrone Granatapfellikör

ZUTATEN:
- 1 Tasse Granatapfelkerne
- 750 ml Wodka
- 1 Zitrone, in Spalten geschnitten

ANWEISUNGEN:
a) Alle Zutaten in einem Glas vermischen.
b) Fünf Tage ziehen lassen, jeden Tag schütteln,
c) Die Zutaten für den Aufguss abseihen.

42. Brombeere Orange Infundiert Wodka

ZUTATEN:
- 1 Tasse Brombeeren
- 750 ml Wodka
- 1 Bio-Orange, in Spalten geschnitten

ANWEISUNGEN:
a) Alle Zutaten in einem Glas vermischen.
b) Drei Tage ziehen lassen, jeden Tag schütteln.
c) Die Zutaten für den Aufguss abseihen.

43. Mäusespeck Wodka

ZUTATEN:
- Marshmallows, in Stücke geschnitten
- Wodka

ANWEISUNGEN:
a) Marshmallows in eine French Press geben.
b) Gießen Sie Wodka in die Presse über die Marshmallows, bis sie voll sind.
c) Mindestens 12 Stunden ziehen lassen.
d) Abseihen und aufbewahren.

TEQUILA

44. Zitronengras-Ingwer Likör

ZUTATEN:
- 2 Stängel frisches Zitronengras, geschält und gehackt
- 1 frischer Ingwer
- 750-Milliliter-Flasche Blanco-Tequila

ANWEISUNGEN:
a) Zitronengras und Ingwer in ein Glas geben.
b) Den Tequila über die Kräuter gießen und schütteln.
c) Den Deckel fest verschließen und ca. 2 Wochen ziehen lassen.
d) Die Feststoffe abseihen.

45.Margarita-Likör

ZUTATEN:
- 1 Limettenschale; in einer durchgehenden Spirale schneiden
- 1 Flasche silberner Tequila
- 1 Orangenschale; in einer durchgehenden Spirale schneiden
- 6 Unzen Cointreau

ANWEISUNGEN:
a) Fügen Sie Zitrusfrüchte hinzu und Limettenschale zum Tequila geben und dann Cointreau dazugeben .
b) Mindestens 1 Jahr im Kühlschrank lagern Tag.
c) Entfernen Sie die Schale , wenn der Likör bitter wird.

46.Mexikanischer Teepunsch

ZUTATEN:
- 2 Tassen Tequila
- 2 Tassen Tee; Stark, kalt
- 1 Tasse Ananassaft
- ¼ Tasse Honig
- ¼ Tasse Wasser
- ¼ Tasse Limettensaft
- ¼ Tasse Zitronensaft
- 1½ Teelöffel Zimt; Boden
- 1½ Teelöffel aromatische Bitterstoffe

ANWEISUNGEN:
a) Alle Zutaten vermischen.
b) Auf Eis servieren.

47.Jalapeno Kalk Tequila

ZUTATEN:
- 1 Liter Blanco-Tequila
- 2 Jalapeños, in Scheiben geschnitten
- 2 Limetten, in Scheiben geschnitten

ANWEISUNGEN:

a) Zutaten mindestens 12 Stunden ziehen lassen.
b) Jalapeños und Limetten abseihen und wegwerfen.
c) Ein paar Mal abseihen, um alle Sedimente zu entfernen.
d) In einem sauberen Glas verschließen.

48. Ananas Und Serrano Tequila

ZUTATEN:
- 750 ml Tequila
- Serrano-Chili-Pfeffer; gesät
- 1 Zweig Estragon
- 1 Ananas; geschält, entkernt und gewürfelt

ANWEISUNGEN:
a) Alle Zutaten vermischen und gut schütteln.
b) 48 bis 60 Stunden ziehen lassen.
c) Den Tequila abseihen und weitere 12 Stunden einfrieren.
d) In einem Schnapsglas servieren.

49. Ingwer Zitronengras Tequila

ZUTATEN:
- 750-ml-Flasche erstklassiger Blanco-Tequila
- 2 Stängel Zitronengras
- 1 frischer Ingwer

ANWEISUNGEN:
a) Nehmen Sie Zitronengras und ziehen Sie die Hülle ab.
b) Zitronengras und eine Scheibe Ingwer hinzufügen.
c) Den Tequila hinzufügen.
d) 2 Wochen ziehen lassen.
e) Server nach dem Pressen.

50.Mandelgoldlikör

ZUTATEN:
- 8 Unzen ungeschälte Mandeln; geröstet und gehackt
- ½ Vanilleschote; Teilt
- 1 Stange Zimt; 3 Zoll
- 1 Flasche Gold-Tequila
- 2 Esslöffel würziger Piloncillo-Sirup
- ¼ Teelöffel reiner Mandelextrakt

ANWEISUNGEN:
a) Nüsse, Vanilleschote und Zimt vermischen.
b) Den Tequila hinzufügen und 2 Wochen ziehen lassen.
c) Mehrmals abseihen.
d) Sirup und Mandelextrakt hinzufügen.
e) In ein Glas füllen: und weitere 2 Wochen ziehen lassen.

RUM

51.Kaffee Likör

ZUTATEN:
- 1 Rezept für kalt gebrühten Kaffee
- ½ Tasse Wasser
- ½ Tasse dunkelbrauner Zucker
- 1 Tasse dunkler Rum
- ½ Vanilleschote, geteilt

ANWEISUNGEN:
a) Wasser und braunen Zucker bei starker Hitze zum Kochen bringen.
b) Köcheln lassen und umrühren, um den Zucker aufzulösen.
c) Zuckersirup, Rum und Kaffee in einem Glas vermischen.
d) Vanillesamen und -schote unter die Kaffeemischung rühren.
e) Setzen Sie den Deckel wieder auf das Glas und lassen Sie es mindestens zwei Wochen lang ziehen, dabei einmal täglich schütteln.
f) Entfernen Sie die Vanilleschote.

52. Banane und Kokosnuss Likör

ZUTATEN:
- ½ Tasse Kondensmilch
- 1½ Tasse Rum
- ½ Tasse Wodka
- 2 reife Bananen; püriert
- ½ Tasse gesüßte Kondensmilch
- 2 Teelöffel Kokosnussextrakt
- 1 Tasse Kokoscreme

ANWEISUNGEN:
a) Bananen, Kokosextrakt, Rum, Milch und Wodka vermischen.
b) Kokoscreme hinzufügen und nochmals pürieren.

53.Gewürzt Rum

ZUTATEN:
- 1 ganze Muskatnuss
- 3 Pimentbeeren
- 1 Nabelorange, geschält
- 1 Vanilleschote, der Länge nach geteilt
- 750-Milliliter-Flasche gereifter Rum
- 2 ganze Nelken
- 1 Kardamomkapsel
- 4 schwarze Pfefferkörner
- Sorghum-Sirup
- 1 Zimtstange, zerdrückt
- 1 Sternanis

ANWEISUNGEN:
a) Legen Sie die gesamte Muskatnuss in ein sauberes Handtuch und schlagen Sie mit einem Holzhammer darauf.
b) Die Muskatnuss und alle anderen Gewürze in eine Bratpfanne geben.
c) Gewürze 2 Minuten leicht rösten.
d) Vom Herd nehmen und abkühlen lassen.
e) In eine Mühle geben und pulsieren.
f) Geben Sie die Schale in ein 1-Liter-Einmachglas und fügen Sie den Rum und die gerösteten Gewürze hinzu.
g) Den Deckel schließen, zum Mischen schütteln und 24 Stunden ziehen lassen.
h) Den gewürzten Rum durch ein Sieb abseihen.
i) In ein sauberes Glas oder eine Flasche füllen und beschriften.

54.Jasmin Tee Likör

ZUTATEN:
- 1 Pint dunkler Rum
- ½ Tasse Jasmintee
- 1 Tasse Zuckersirup

ANWEISUNGEN:
a) Alles bis auf den Sirup 24 Stunden ziehen lassen.
b) Den Zuckersirup hinzufügen.

55. Mokka Creme Likör

ZUTATEN:
- ¼ Teelöffel Kokosnussextrakt
- 4 Teelöffel Instant-Espresso-Kaffeepulver
- 1 Tasse dunkler Rum
- ½ Teelöffel gemahlener Zimt
- ½ Teelöffel Vanilleextrakt
- 1 Tasse Sahne
- 1 Dose gesüßte Kondensmilch
- ¼ Tasse Sirup mit Schokoladengeschmack

ANWEISUNGEN:
a) Alle Zutaten in einer Küchenmaschine vermischen.
b) Pulsieren, bis die Mischung glatt ist.

56.Schwedisch Obst In Likör

ZUTATEN:
- 1 Pint Blaubeeren, geschält
- 1 Pint Himbeeren, geschält
- 1 Pint Erdbeeren, geschält
- 1 Pint Rote Johannisbeere
- 1 Tasse Kristallzucker
- ⅔ Tasse Brandy
- ⅔ Tasse leichter Rum
- Schlagsahne zum Garnieren

ANWEISUNGEN:
a) Beeren und rote Johannisbeeren in eine Glasschüssel geben.
b) Zucker, Brandy und Rum hinzufügen und gelegentlich umrühren.
c) Über Nacht im Kühlschrank ziehen lassen.

57. Cranberry-Sirup

ZUTATEN:
- 8 Tassen rohe Preiselbeeren, gehackt
- 6 Tassen Zucker
- 1 Liter heller oder bernsteinfarbener Rum

ANWEISUNGEN:
a) Preiselbeeren, Zucker und Rum in einem Glas vermischen.
b) 6 Wochen ziehen lassen, täglich schütteln.
c) Den Likör abseihen.

58. Cremiger Rumlikör

ZUTATEN:
- 400 ml Kondensmilch
- 300 Milliliter Sahne
- 2 Teelöffel Instantkaffee in kochendem Wasser auflösen
- 300 Milliliter Milch
- ¾ Tasse Rum
- 2 Esslöffel Schokoladensauce

ANWEISUNGEN:
a) Alle Zutaten vermischen.
b) Gekühlt servieren.

59.Ananas Rum

ZUTATEN:
- 1 Ananas, entkernt und in Stangen geschnitten
- 1 Liter weißer Rum

ANWEISUNGEN:
a) Ananas und Rum in ein Glas geben und verschließen.
b) Mindestens 3 Tage ziehen lassen.
c) Durch ein feinmaschiges Sieb passieren und die Ananas wegwerfen.
d) In einem sauberen Glas verschließen.

60. Zitrusfrüchte Sangria

ZUTATEN:
- 750-Milliliter-Flasche süßer Moscato
- 1½ Tassen Ananassaft
- 1 Tasse weißer Rum
- 1 Tasse Ananasstücke
- 2 Limetten, in Scheiben geschnitten
- 2 Orangen, in Scheiben geschnitten

ANWEISUNGEN:
a) Alle Zutaten in einen Krug geben und umrühren.
b) Vor dem Servieren mindestens 2 Stunden im Kühlschrank lagern.

61. Obst Schlagen

ZUTATEN:
- 6 Tassen Fruchtpunsch
- 3 Tassen Ananassaft
- 2 Tassen Pfirsichschnaps
- 2 Tassen weißer Rum
- 1 Tasse Zitronen-Limetten-Soda
- ¼ Tasse Limettensaft
- 2 Limetten, in Scheiben geschnitten und gefroren
- 1 Orange, in Scheiben geschnitten und gefroren

ANWEISUNGEN:

a) Fruchtpunsch, Ananassaft, Pfirsichschnaps, Rum, Soda und Limettensaft in einem Krug vermischen.

b) Rühren, bis alles gut vermischt ist, dann abdecken und kühl stellen, bis es schön kalt ist.

c) Gießen Sie den Fruchtpunsch in eine Bowle und fügen Sie dann die gefrorenen Früchte hinzu.

d) Servieren und genießen!

WHISKEY

62. Zitrone Infundiert Bourbon

ZUTATEN:
- 2 Unzen Ingwerlikör
- 2 Unzen Bourbon
- ½ Bio-Zitrone

ANWEISUNGEN:
a) Ingwerlikör und Zitrone in ein Rührglas geben.
b) Mit einem Stößel gut durchwühlen.
c) Fügen Sie etwa eine Tasse gestoßenes Eis und den Bourbon hinzu.
d) Gut umrühren, bis das Glas frostig ist.
e) In ein Cocktailglas oder Weinglas gießen; nicht belasten.
f) Mit einer Zitronenscheibe garnieren.

63.Altmodisch mit Speck angereichert

ZUTATEN:
BOURBON-SPECK:
- 4 Scheiben Speck, gekocht und Fett zurückbehalten
- 750 ml. Flasche Bourbon

ALTMODISCH:
- 2 Spritzer Angosturabitter
- 2 Unzen mit Speck angereicherter Bourbon
- 1/4 Unze Ahornsirup

ANWEISUNGEN:
FÜR DEN MIT SPECK INFUSIERTEN BOURBON

a) Kombinieren Sie Bourbon und Speckfett in einem nicht porösen Behälter.

b) Abseihen und 6 Stunden im Gefrierschrank ziehen lassen.

c) Entfernen Sie das Fett und seihen Sie die Mischung zurück in die Flasche.

FÜR DEN COCKTAIL

d) Kombinieren Sie den mit Speck angereicherten Bourbon, Ahornsirup und Bitter mit Eis.

e) In ein gekühltes, mit Eis gefülltes Rocks-Glas abseihen.

64. Pfirsich-Zimt-Likör

ZUTATEN:
- 1½ Pfund Pfirsiche; geschält und in Scheiben geschnitten
- 1½ Tasse Zucker
- 4 Zitronenschale; Streifen
- 3 ganze Nelken
- 2 Zimtstangen
- 2 Tassen Bourbon

ANWEISUNGEN:
a) Alle Zutaten vermischen und 40 Minuten lang erhitzen, bis sich der Zucker aufgelöst hat, dabei zweimal umrühren.
b) Abdecken und 3 bis 4 Tage ziehen lassen.
c) Vor Gebrauch abseihen.

65.Schokoladen-Creme-Likör

ZUTATEN:
- 2 Tassen Sahne
- 1 Tasse Whisky
- ¼ Tasse ungesüßtes Kakaopulver
- 14 Unzen gesüßte Kondensmilch
- 1½ Esslöffel Vanilleextrakt
- 1 Esslöffel Instant-Espressopulver
- 1 Esslöffel Kokosextrakt

ANWEISUNGEN:

a) In einer Küchenmaschine alle Zutaten zerkleinern, bis eine glatte Masse entsteht.

66.Bing Kirsche Likör

ZUTATEN:
- 2 Scheiben Zitrone
- 1 Fünfte VO
- Bing Kirschen
- 2 Esslöffel Zucker

ANWEISUNGEN:
a) Füllen Sie jedes Glas zur Hälfte mit Kirschen.
b) Fügen Sie jeweils eine Zitronenscheibe und einen Esslöffel Zucker hinzu.
c) Anschließend bis zum Rand mit VO auffüllen, Deckel fest verschließen, schütteln und 6 Monate an einem kühlen Ort ziehen lassen.

67. Orange und Honig Likör

ZUTATEN:
- 1 Flasche Whisky
- 2 Tassen Orangenblütenhonig
- Schale von 2 Orangen oder Mandarinen
- 4 Esslöffel Koriandersamen, gequetscht

ANWEISUNGEN:
a) Alles im Glas vermischen.
b) Schließen Sie den Deckel und schütteln Sie ihn einen Monat lang einmal täglich.
c) Abseihen und den Likör in Flaschen füllen.

68. Ich mag Sahnelikör

ZUTATEN:
- 1¼ Tasse irischer Whiskey
- 14 Unzen gesüßte Kondensmilch
- 1 Tasse Sahne
- 4 Eier
- 2 Esslöffel Sirup mit Schokoladengeschmack
- 2 Teelöffel Instantkaffee
- 1 Teelöffel Vanilleextrakt
- ½ Teelöffel Mandelextrakt

ANWEISUNGEN:
a) Alle Zutaten in einem Mixer pürieren, bis eine glatte Masse entsteht.

69.Preiselbeere Orange Whiskey

ZUTATEN:
- 2 Zimtstangen
- ½ Tasse frische Preiselbeeren
- 1 Orange, in Spalten geschnitten
- 1 Liter Whisky

ANWEISUNGEN:
a) Preiselbeeren, Orange, Whiskey und Zimtstange in einem Glas vermischen.
b) Mindestens 3 Tage ziehen lassen.
c) Preiselbeeren, Orangen und Zimt abseihen und wegwerfen.
d) In einem sauberen Glas verschließen.

70. Kaffee-Vanille Bourbon

ZUTATEN:
- 2 Vanille Bohnen , geteilt
- 1/2 Tasse Kaffee Bohnen leicht zerquetscht
- 32 Unzen Whisky _

ANWEISUNGEN:
a) Alles vermischen und mindestens 2 Tage an einem kühlen, dunklen Ort ziehen lassen.

71.Kirsch vanille Bourbon

ZUTATEN:
- 2 Vanille Bohnen , geteilt
- 8 Unzen getrocknet oder frisch Kirschen
- 32 Unzen Whisky _

ANWEISUNGEN:
a) Alles vermischen und mindestens 2 Tage an einem kühlen, dunklen Ort ziehen lassen.

72. Apfel Zimt Whiskey

ZUTATEN:
- 2 Äpfel, geschält Und gehackt
- A Hand voll von Zimt Stöcke
- 32 Unzen Whisky _

ANWEISUNGEN:

a) Alles vermischen und mindestens 2 Tage an einem kühlen, dunklen Ort ziehen lassen.

73. Vanille Bohne Bourbon

ZUTATEN:
- 8 Unzen Ihres Lieblings-Bourbon
- 2 Vanilleschoten, der Länge nach geteilt

ANWEISUNGEN:
a) Alles vermischen und 4 Tage ziehen lassen.
b) Schütteln Sie es ein paar Mal täglich, damit die Infusion erfolgt.
c) Die Vanilleschote abseihen und servieren.

GIN

74. Cajun-Martini

ZUTATEN:
- 1 Jalapeño-Pfeffer; bis zum Stiel aufgeschnitten
- ½ Flasche Gin
- ½ Flasche Wermut

ANWEISUNGEN:
a) Jalapeño in die Ginflasche geben und den Gin mit Wermut auffüllen.
b) 8 bis 16 Stunden im Kühlschrank lagern.
c) In eine saubere Flasche abseihen.

75.Preiselbeere Gin

ZUTATEN:
- 1 Flasche Gin
- 6 Unzen Cranberries
- 7 Unzen Zucker
- Ein paar blanchierte Mandeln; geknackt
- 1 Stück Zimtstange
- Nelken

ANWEISUNGEN:
a) Gießen Sie den Gin in einen Krug.
b) Stechen Sie die Cranberries mit einem Spieß oder einer Gabel ein und geben Sie sie in die leere Gin-Flasche, bis diese halbvoll ist.
c) Zucker, Mandeln und Gewürze hinzufügen.
d) Gießen Sie den Gin zurück, um die Flasche zu füllen. Fest verschließen.
e) An einem warmen Ort einige Tage ziehen lassen, dabei die Flasche gelegentlich schütteln, bis sich der Zucker aufgelöst hat.

76. Pomander Gin

ZUTATEN:
- 1 Sevilla-Orange
- 2 ganze Nelken
- 3 Unzen Zucker
- 1 Flasche Gin

ANWEISUNGEN:
a) Stecken Sie die Nelken in die Orange und geben Sie dann die Orange und den Zucker in ein Weithalsglas.
b) Den Gin hinzufügen und schütteln, bis sich der Zucker aufgelöst hat.
c) An einem kühlen Ort 3 Monate ziehen lassen.
d) Die Feststoffe abseihen und verwerfen.

77. Zitrone Ingwer Kardamom Gin

ZUTATEN:
- 4 Kardamomkapseln
- 2 Stücke geschälten Ingwer, in Scheiben geschnitten
- 3 Zitronen, in Scheiben geschnitten
- 1 Liter Gin

ANWEISUNGEN:
a) Gin, Zitrone, Ingwer und Kardamomkapseln in einem Glas vermischen.
b) Mindestens 3 Tage ziehen lassen.
c) Die Feststoffe abseihen.

78. Apfel Und Birne Gin

ZUTATEN:
- 750 ml Flasche Gin
- 4 rote Äpfel, in Scheiben geschnitten
- 1 Birne, in Scheiben geschnitten
- 1/4 Pfund getrocknete Birnen

ANWEISUNGEN:
a) Gin und Früchte in einem Glas verrühren und schütteln.
b) Lassen Sie es an einem dunklen Ort einweichen.
c) Die Früchte abseihen.

79. Grün Tee Gin

ZUTATEN:
FÜR DEN GIN MIT GRÜNEM TEE
- 750 ml Flasche Gin
- 1/4 Tasse grüne Teeblätter

FÜR DEN GESALZTEN PISTAZIEN-HONIGSIRUP
- 1/2 Tasse Wasser
- 1/2 Tasse gesalzene Pistazien
- 1/2 Tasse Honig

ANWEISUNGEN:
a) Alle Zutaten vermischen und 2 Stunden ziehen lassen.
b) Die Teeblätter abseihen.

BRANDY

80.Mandarine Likör

ZUTATEN:
- 32 Unzen Brandy
- 2 Pfund Bio-Mandarinen geschält, in Scheiben geschnitten
- ½ Tasse getrocknete Bio-Süßorangenschale
- Einfacher Syrup

ANWEISUNGEN:
a) Teilen Sie die Schale auf die beiden Gläser auf. Füllen Sie jedes Glas bis etwa 2,5 cm über den Rand mit Brandy.
b) Lassen Sie die Gläser mindestens 2 Tage lang vor der Sonne geschützt ziehen.
c) Schütteln Sie die Gläser einmal täglich.
d) Die Früchte aus dem Brandy abseihen.
e) Fügen Sie einfachen Sirup und eine Flasche hinzu.
f) Mindestens einen Monat lang an einem kühlen, dunklen Ort ziehen lassen.

81. Amaretto-Likör

ZUTATEN:
- 1 Tasse Zuckersirup
- ¾ Tasse Wasser
- 2 getrocknete Aprikosenhälften
- 1 Esslöffel Mandelextrakt
- ½ Tasse reiner Getreidealkohol und
- ½ Tasse Wasser
- 1 Tasse Brandy
- 3 Tropfen gelbe Lebensmittelfarbe
- 6 Tropfen rote Lebensmittelfarbe
- 2 Tropfen blaue Lebensmittelfarbe
- ½ Teelöffel Glycerin

ANWEISUNGEN:
a) Köcheln lassen, bis sich der gesamte Zucker aufgelöst hat.
b) Aprikosenhälften, Mandelextrakt und Getreidealkohol mit ½ Tasse Wasser und Brandy vermischen.
c) Die Zuckersirupmischung einrühren.
d) Verschließen und 2 Tage ziehen lassen. Aprikosenhälften herausnehmen.
e) Lebensmittelfarbe und Glycerin hinzufügen.
f) Nochmals 1 bis 2 Monate ziehen lassen.

82. Aprikosenlikör

ZUTATEN:
- 1 Tasse Wasser
- 1 Pfund getrocknete, entkernte Aprikosen
- 1 Esslöffel Puderzucker
- 1 Tasse Mandelblättchen
- 2 Tassen Brandy
- 1 Tasse Zucker
- 1 Tasse Wasser

ANWEISUNGEN:
a) Aprikosen 10 Minuten in kochendem Wasser einweichen.
b) Restliches Wasser abgießen.
c) Aprikosen, Puderzucker, Mandeln und Brandy vermischen.
d) Zum Mischen gut umrühren.
e) Gut abdecken und an einem kühlen, dunklen Ort mindestens 2 Wochen ziehen lassen.
f) Flüssigkeit abseihen.
g) Zucker und Wasser in einer Pfanne vermischen.
h) Bei mittlerer Hitze zum Kochen bringen.
i) Köcheln lassen, bis sich der Zucker vollständig aufgelöst hat.
j) Zuckersirup hinzufügen.
k) In Flaschen füllen und fest verschließen.
l) Vor dem Servieren mindestens 1 Monat ziehen lassen.

83. Himbeere Likör

ZUTATEN:
- 4 Tassen saubere, trockene Himbeeren
- 4 Tassen Brandy
- 1 Tasse Zuckersirup

ANWEISUNGEN:
a) Himbeeren und Brandy in einem Glas vermischen.
b) Versiegelt und 2 Monate lang auf einer sonnigen Fensterbank ziehen lassen.
c) Den Zuckersirup zum Himbeerlikör hinzufügen.
d) Abseihen und aufbewahren.

84. Apfel-Zimt-Brandy

ZUTATEN:
- 1 Pfund rote Äpfel, geviertelt und entkernt
- 1 Zimtstange
- 2 ganze Nelken
- 3 Tassen Brandy
- 1 Tasse Zucker
- 1 Tasse Wasser

ANWEISUNGEN:
a) Äpfel, Zimtstangen, Nelken und Brandy in einem Glas vermischen.
b) Gut abdecken und an einem kühlen, dunklen Ort zwei Wochen lang ziehen lassen.
c) Flüssigkeit abseihen.
d) Zucker und Wasser in einer Pfanne vermischen. Bei mittlerer Hitze zum Kochen bringen.
e) Köcheln lassen, bis sich der Zucker aufgelöst hat.
f) Zuckersirup hinzufügen.
g) In Flaschen füllen und fest verschließen.
h) Vor dem Servieren mindestens 1 Monat ziehen lassen.

85. Kalifornien Eierlikör

ZUTATEN:
- 1 Liter kalt zubereiteter Eierlikör
- 1½ Tasse Aprikosenschnaps
- ¼ Tasse Triple Sec
- Muskatnuss, zum Garnieren

ANWEISUNGEN:
a) In einem Krug Eierlikör, Aprikosenbrand und Triple Sec verrühren.
b) Abdecken und mindestens vier Stunden im Kühlschrank lagern, um die Aromen zu vermischen.
c) Mit Muskatnuss garnieren.

86.Kirsche Brandy

ZUTATEN:
- ½ Pfund Bing-Kirschen. entstammt
- ½ Pfund Kristallzucker
- 2 Tassen Brandy

ANWEISUNGEN:
a) Kirschen in ein 1-Liter-Glas geben.
b) Zucker über die Kirschen gießen.
c) Brandy über Zucker und Kirschen gießen.
d) 3 Monate ziehen lassen. NICHT SCHÜTTELN.
e) In eine Flasche abseihen.

87.Mandellikör

ZUTATEN:
- 1 Tasse Zuckersirup
- 2 Tassen Wodka
- 2 Tassen Brandy
- 2 Teelöffel Mandelextrakt

ANWEISUNGEN:
a) Zuckersirup, Wodka, Brandy und Mandelextrakt vermischen.
b) In Flaschen füllen.
c) Vor dem Servieren mindestens 1 Monat ziehen lassen.

88.Birnenlikör

ZUTATEN:
- 1 Pfund feste reife Birnen, entkernt und gewürfelt
- 2 ganze Nelken
- 1 Tasse Brandy
- 1 1-Zoll-Zimtstange
- Prise Muskatnuss
- 1 Tasse Zucker

ANWEISUNGEN:
a) Muskatnuss , Zucker und Brandy vermischen .
b) 2 Wochen ziehen lassen.
c) Schütteln Sie das Glas täglich. Die Flüssigkeit abseihen.

89. Ingwer Likör

ZUTATEN:
- 2 Unzen frische Ingwerwurzel, geschält
- Vanilleschote
- 1 Tasse Zucker
- 1½ Tassen Wasser
- Schale von 1 Bio-Orange
- 1½ Tassen Brandy

ANWEISUNGEN:
a) In einer Pfanne Ingwer, Vanilleschote, Zucker und Wasser zum Kochen bringen.
b) 20 Minuten köcheln lassen.
c) Vom Herd nehmen und abkühlen lassen.
d) Gießen Sie den Sirup in ein Glas und fügen Sie die Orangenschale oder -schale und den Brandy hinzu.
e) Verschließen, schütteln und einen Tag ziehen lassen.
f) Entfernen Sie die Vanilleschote und lassen Sie sie noch einen Tag ziehen.
g) In eine Flasche abseihen und vor der Verwendung zwei Wochen lang ziehen lassen.

90.Kaffee Vanille Likör

ZUTATEN:
- 2 Unzen guter Instantkaffee
- 2 Tassen Zucker
- 4 Unzen Vanille, gehackt
- 1-2 Vanilleschoten aus Madagaskar oder Tahiti
- Flasche Brandy

ANWEISUNGEN:
a) Wasser, Kaffee und Zucker zum Kochen bringen.
b) Vom Herd nehmen und abkühlen lassen.
c) Fügen Sie die 4 Unzen Vanille hinzu.
d) /Brandy dazugeben und umrühren.
e) Zwei bis drei Monate ziehen lassen.
f) Die Vanilleschoten abseihen.

91.Kardamom-Abb Brandy

ZUTATEN:
- 2 ganze Kardamomkapseln
- 1 Tasse getrocknete oder frische Feigen, halbiert
- 32 Unzen von Brandy

ANWEISUNGEN:
a) Alle Zutaten vermischen.
b) Decken Sie sie gut ab und lassen Sie sie mindestens 2 Tage lang an einem kühlen, dunklen Ort ziehen.

92. Pflaume-Zimt Brandy

ZUTATEN:
- 2 Pflaumen oder Pflaumen, entkernt und geviertelt
- eine Handvoll Zimtstangen
- 32 Unzen von Brandy

ANWEISUNGEN:
a) Geben Sie die Zutaten für den Aufguss in den Alkohol, verschließen Sie ihn gut und
b) An einem kühlen, dunklen Ort mindestens 2 Tage ziehen lassen.

93. Chai-Birne Brandy

ZUTATEN:
- 2–3 Chai-Teebeutel
- 2 Birnen, in Scheiben geschnitten
- 32 Unzen von Brandy

ANWEISUNGEN:
a) 2–3 Chai-Teebeutel im Brandy ziehen lassen.
b) Brandy mit 2 Birnen 2 Tage ziehen lassen.

COGNAC

94. Grandioser Orangen-Cognac-Likör

ZUTATEN:
- ½ Tasse Kristallzucker
- 2 Tassen Cognac oder französischer Brandy
- ⅓ Tasse Orangenschale
- ½ Teelöffel Glycerin

ANWEISUNGEN:
a) Schale und Zucker in eine Schüssel geben.
b) Zerstampfen und mit einem Stößel verrühren, bis der Zucker absorbiert ist.
c) In einen Einweichbehälter geben. Cognac hinzufügen.
d) Umrühren, verschließen und an einem kühlen, dunklen Ort 2 bis 3 Monate ziehen lassen.
e) Nach dem ersten Ziehen durch ein feinmaschiges Sieb gießen.
f) Gießen Sie Glycerin in einen Einweichbehälter und legen Sie den Stoffbeutel in das Sieb.
g) Durch das Tuch abseihen.
h) Mit einem Holzlöffel umrühren.
i) Weitere 3 Monate ziehen lassen.

95.Frische Feigen aus Curaçao

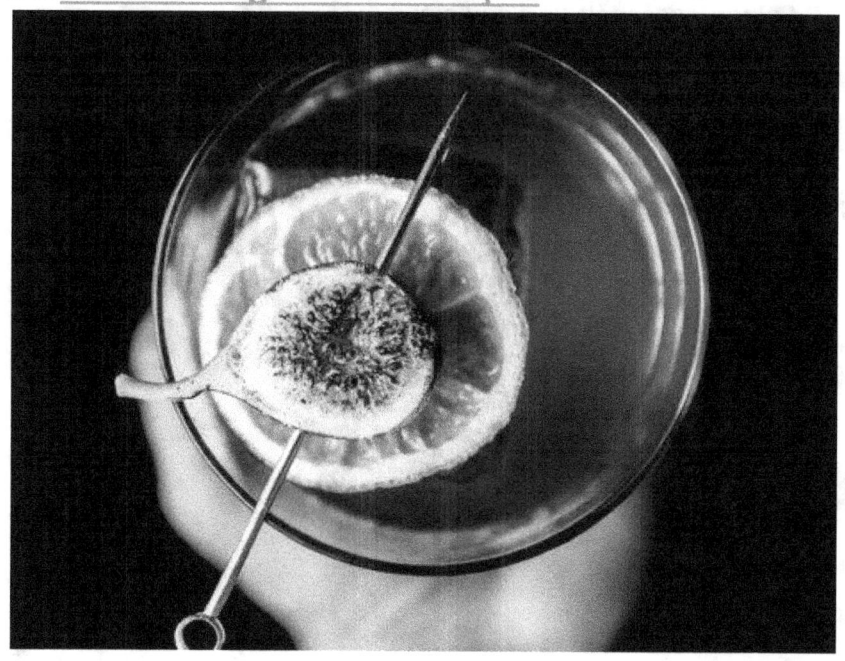

ZUTATEN:
- 12 Feigen , geschält und geviertelt
- 1 Esslöffel Cognac
- 1 Tasse Sahne, geschlagen
- ⅓ Tasse Curacao

ANWEISUNGEN:
a) Marinieren Sie die Feigen mindestens 30 Minuten lang im Cognac.
b) Sahne und Cura cao verrühren .
c) Die Feigen unterheben.

96.Mit Chai angereichert Cognac

ZUTATEN:
- 8 Unzen Cognac
- 2 Chai-Teebeutel

ANWEISUNGEN:
a) In einem Glas den Cognac mit den Teebeuteln vermischen.
b) 2 Stunden ziehen lassen.
c) In einen luftdichten Behälter abseihen.

97.Mit Kirschen angereichert Cognac

ZUTATEN:
- 33 Unzen Cognac
- 0,15 Unzen Vanilleschoten
- 23 Unzen Süßkirsche, entkernt
- 7 Unzen Puderzucker

ANWEISUNGEN:
a) Füllen Sie ein 2-Liter-Glas mit entkernten Süßkirschen.
b) Puderzucker, eine Vanilleschote und Cognac hinzufügen.
c) Das Glas verschließen und 2 Wochen ziehen lassen

98. Feigen- und Grand-Marnier-Likör

ZUTATEN:
- 1/4 Unze einfacher Sirup
- 3/4 Unze Grand Marnier
- 1/2 Unze frischer Orangensaft
- 2 Unzen mit Feigen angereicherter Cognac
- 1/2 Unze frischer Zitronensaft

ANWEISUNGEN:
a) Cognac, Grand Marnier, Zitronensaft, Orangensaft und Zuckersirup vermischen.
b) Gut schütteln und einige Stunden ziehen lassen.
c) Doppelt in ein Glas abseihen.

99.Pfirsich Infundiert Cognac

ZUTATEN:
- 500 ml Cognac
- 8 ganze getrocknete Pfirsiche, gehackt

ANWEISUNGEN:
a) Pfirsiche in ein Glas geben.
b) Cognac in einen Behälter füllen, umrühren und abdecken.
c) 24 Stunden ziehen lassen, vor Licht schützen.
d) Pfirsiche abseihen.

100.Ananas-Orangenbitter-Likör

ZUTATEN:
- 1/2 Unze mit Ananas angereicherter Cognac
- 1/4 Unze Maraschino-Likör
- 1 Spritzer Orangenbitter
- 1 Spritzer Angostura-Orangenbitter

ANWEISUNGEN:
a) Cognac, Maraschino-Likör und Orangenbitter vermischen.
b) Zum Kombinieren umrühren.
c) Einige Stunden ziehen lassen.

ABSCHLUSS

Da wir die letzten Seiten von „DER ULTIMATIVE LEITFADEN FÜR BOTANISCHE COCKTAILS" erreicht haben, hoffen wir, dass diese Reise durch die Mixologie vom Garten bis zum Glas Ihre Geschmacksknospen vor Spannung kribbeln lässt. Die Welt der botanischen Cocktails ist ein Beweis für die Kunst, Getränke herzustellen, die nicht nur erfrischen, sondern mit der Essenz der Natur auch die Sinne wecken.

Von den pikanten Zitrusnoten bis zu den aromatischen Kräutern, die auf Ihrem Gaumen tanzen, sind diese 100 schnellen und einfachen Rezepte eine Hommage an die Alchemie, die entsteht, wenn frische Zutaten auf Ihre Lieblingsspirituosen treffen. Egal, ob Sie diese Cocktails für eine lebhafte Zusammenkunft gemixt haben oder einen ruhigen Moment der Besinnung mit einem Gartengetränk in der Hand genossen haben, wir vertrauen darauf, dass Sie jeder Schluck an einen Ort botanischer Glückseligkeit entführt hat.

Lassen Sie sich bei Ihrer weiteren Erkundung des Garden-to-Glass-Trends dazu inspirieren, mit Ihren eigenen Kombinationen zu experimentieren und die Schönheit pflanzlicher Stoffe in Ihre Mixologie-Bemühungen einzubringen. Auf unzählige weitere Momente des Anstoßens, des Lachens und des köstlichen Geschmacks der Fülle der Natur in jedem Schluck. Ein Hoch auf das ultimative botanische Cocktail-Erlebnis!

www.ingramcontent.com/pod-product-compliance
Lightning Source LLC
Chambersburg PA
CBHW071907110526
44591CB00011B/1585